AF324494

LES CARACTERES DE L'AMOUR,

BALLET HEROIQUE,

REPRÉSENTÉ

PAR L'ACADEMIE ROYALE

DE MUSIQUE,

Le quinziéme jour d'Avril 1738.

DE L'IMPRIMERIE
De JEAN-BAPTISTE-CHRISTOPHE BALLARD,
Seul Imprimeur du Roy, & de l'Academie Royale de Musique.

M. DCC XXXXVIII.
AVEC PRIVILEGE DU ROY,
LE PRIX EST DE XXX. SOLS.

A

MONSEIGNEUR
LE DAUPHIN.

HEROS naiſſant, digne Fils d'un Grand Roy,
D'un Roy Vainqueur, Génereux, Pacifique,
Dont l'équitable Politique
Fait de l'Europe enfin la Balance & la Loy;
Reçois l'hommage d'une Muſe
Qui, ſi mon zele ne m'abuſe,
Pourra chanter un jour par des accents nouveaux,
Et Tes Plaiſirs, & Tes Travaux.
Alors, du plus beau feu brillera mon génie;
Et Ton goût pour les Arts, nez au ſacré Valon,
M'inſpirera mieux qu'Apollon,
Tous les charmes de l'Harmonie.

Tu cheris Terpſicore ; & Tes aimables Jeux
Ont déja ſurpaſſé ſes Vœux.
Je n’oſe, icy, parler de ces vaſtes Sciences,
De ces ſublimes Connoiſſances,
Dons précieux, dignes de nos Autels,
Que ſous l’image des Mortels,
Les Dieux, avec des traits de flâme,
Sans ceſſe impriment dans ton Ame.
Les rapides progrès de Tes ſoins ſtudieux,
Rempliront des Talents la flatteuſe eſperance ;
Les Arts regnent ſur Ton Enfance,
Mais, à Ton tour, Tu regneras ſur eux :
Daigne, pour m’élever à la gloire où j’aſpire,
Favoriſer les Accords de ma Lyre.
Au milieu des Ris & des Jeux,
Je peins l’Amour & ſes coups redoutables,
Je le montre par tout ſous ſes traits veritables,
Et plus il eſt connu, moins il eſt dangereux.

COLLIN DE BLAMONT.

AVERTISSEMENT.

 N croit devoir informer le Public, de ce qui a donné lieu à ce Ballet : Un Homme d'un esprit reconnu, & d'un goût exquis, entreprit d'extraire des Ouvrages des Tibulles & des Saphos du Siécle de LOUIS LE GRAND, des Morceaux de Poësie Lyrique, dont on pût former un Concert. Cette premiere tentative luy réuffit si bien, qu'il ne pût resister à l'envie d'en faire un Ballet. La mort interompit son Projet. D'autres se chargerent de le continuer; mais ils y trouverent plus de difficulté qu'il ne s'en étoit d'abord presenté ; & on crut qu'il valoit mieux conserver les Fragments, tant de cet Auteur, que des Anciens, déja mis en œuvre, & supléer au reste, en composant les Vers des Scenes & des Fêtes qui n'étoient point encore achevées. On peut donc accorder à cet Ouvrage le merite de la nouveauté, ce qui en appartient aux Anciens, n'étant pas assez considerable pour le luy ôter. Qu'importe après tout, cette espece d'alliage, s'il donne plus d'agrément à ce Ballet.

Acteurs Chantants dans tous les Chœurs.

CÔTE' DU ROY.		CÔTE' DE LA REINE.	
Mesdemoiselles.	*Messieurs.*	*Mesdemoiselles.*	*Messieurs.*
Dun.	St. Martin.	Antier-C.	Serre.
	Marcelet.		Louette.
Delorge.	Lefebvre.	Cartou.	Thurier.
	Gratin.		Le Messe.
Dupleffis.	Buseau.	Thetelette.	Dautrep.
	Deshais.		Groslier.
Benard.	François.	Lavalée.	Perardelle.
	Duchesne.		
Person.	Dupleffis.	Deshaigles.	Houbault.
	Bourque		Bornet.
La Fontaine.	Gallard.	Selim.	Duchenet.
Varquin.	Fel.	Lalonde.	Lorette.

ACTEURS CHANTANTS

DU PROLOGUE.

V E N U S. Mlle. Julye.

DEUX HABITANTES DE CYTHERE, Mlles.{Bourbonois. Dun.

Suite de V E N U S.

Troupe d'Habitants de Cythere. Troupe d'Auteurs célébres, dont les Ombres sont évoquées.

ACTEURS DANSANTS.

LES GRACES;

Mesdemoiselles Le Duc, Le Breton, Dallemand-C.

HABITANTS DE CYTHERE;

Messieurs Dumay, Dupré, Javillier 3.
Mesdemoiselles Petit, Thybert, Durocher.

TROUPE D'AUTEURS CELEBRES;

Monsieur Matignon ;
Messieurs Thessier, Bontemps, Hamoche.
Mesdemoiselles St. Germain, Courcelle, St. Huray.

AMANTS CONSTANTS;

Monsieur D-Dumoulin , Mademoiselle Sallé.

AMANT JALOUX;

Monsieur Javillier-L. ;

AMANTS VOLAGES;

Monsieur Malter-3. Mademoiselle Mariette.

PROLOGUE
DES CARACTERES DE L'AMOUR.

Le Théâtre repréfente l'Ifle de Cythere dans une belle Nuit; V E N U S eft affife fur fon Trône, au fond du Théâtre, entourée de fa brillante Cour.

SCENE PREMIERE.

UNE HABITANTE DE CYTHERE,
alternativement avec le Chœur.

Egnez à jamais fur Cythere;
Regnez, charmante Nuit.

CHOEUR.
Regnez à jamais, &c.

UNE HABITANTE.
La tranquillité qui vous fuit,
Aux tendres cœurs eft neceffaire.

CHOEUR. *Regnez à jamais, &c.*

UNE HABITANTE.

Cette douce clarté du flambeau qui nous luit,
Nous suffit pour goûter les plaifirs du miftere,
Que l'ombre favorife, & le grand jour détruit.

Regnez à jamais fur Cythere ;
Regnez, charmante Nuit.

CHŒUR. *Regnez à jamais,* &c.

On danfe.

DEUX HABITANTES DE CYTHERE,

alternativement avec le Chœur.

Dans ces lieux, que l'Amour a d'attraits !
Nous volons au devant de fes traits ;
Et jamais
Nos cœurs fatisfaits
N'ont formé de regrets.

CHŒUR.

Dans ces lieux, &c.

DEUX HABITANTES.

Pourquoy craindre fes coups ?
Ils font doux ;
Jeunes Cœurs, rendez-vous ;
Chacun à fon tour,
Doit céder à l'Amour ;
Qui fe livre à ce Dieu fi charmant,
S'épargne un long tourment.

CHOEUR.

Pourquoy craindre ses coups ?
Ils sont doux ;
Jeunes Cœurs , rendez-vous ;
Chacun à son tour ,
Doit céder à l'Amour ;
Qui se livre à ce Dieu si charmant ,
S'épargne un long tourment.

VENUS.

Le Dieu que vous chantez , également jaloux
De vos plaisirs & de sa gloire ,
Est le plus cher Objet de mes soins les plus doux :
Que de nouveaux Accords consacrent la memoire
Des bienfaits qu'il répand sur vous.

O Nuit , redouble de tes voiles ;
Que tout , jusqu'aux étoiles ,
Se dérobe à l'Univers.
Du fond des Royaumes sombres ,
Je vais évoquer les Ombres
Des Favoris du Dieu des Vers.

                Le Théâtre s'obscurcit.
Mânes de ces Mortels célébres,
Que le feu d'Apollon animoit autrefois ,
Quittez l'Empire des ténébres.
Sortez , obéissez ; accourez à ma voix.

SCENE II.

VENUS, Troupe d'Habitans de Cythere,
Trou pe d'Ombres évoquées.

CHOEUR d'Ombres évoquées.

SOrtons des ténébreux Rivages ;
Venus commande ; obéissons.
Allons revoir ces Prez , ces Jardins , ces Boccages,
Où les Oyseaux par leurs ramages
Répondoient aux accords de nos tendres Chansons ;
Venus commande ; obéissons.

VENUS.

C'en est assez ; disparois, Nuit obscure ;
Et toy, Soleil , éclaire la nature.

Le Théâtre s'éclaircit.

CHOEUR d'Ombres évoquées.

Ciel ! quel éclat se répand dans les airs !

VENUS.

L'Amour attend de vous une fête nouvelle ;
Il faut qu'un spectacle fidele
Retrace de ses feux tous les effets divers.

A la

PROLOGUE. 9

A la clarté des Cieux sa gloire vous rapelle ;
Hâtez-vous ; joignez vos Concerts ;
Et marquez vôtre zele :
Au Dieu charmant qu'adore l'Univers.

On danse.

VENUS.

Chantez l'Amour & son aimable Empire ;
Chantez le Dieu qui toûjours vous inspire.

CHOEUR. *Chantons l'Amour*, &c.
VENUS.

Rendez-luy le tribut qu'il exige de vous :
Il est Constant, il est Jaloux,
Et quelquefois il est Volage ;
Mais il est, quelqu'il soit, digne de vôtre hommage :
Qu'il est doux de revoir le jour,
Quand c'est pour célébrer le pouvoir de l'Amour !

CHOEUR.

Chantons le plus charmant des Dieux ;
Par des chemins divers il vole à la victoire ;
Sous quelques traits qu'il se montre à nos yeux,
L'Amour ne perd rien de sa gloire.

On danse un Air dans les trois Caracteres que
VENUS vient d'annoncer.

Qu'il est doux de revoir le jour,
Quand c'est pour célébrer le pouvoir de l'Amour !

B

VENUS.

Vous tracez de l'Amour une image trop vaine ;
Achevez de remplir mes vœux.
Uniffez Erato, Thalie, & Melpomene,
Je vais leur ordonner de feconder vos Jeux.

FIN DU PROLOGUE.

PREMIERE ENTRÉE.

L'AMOUR VOLAGE.

ACTEURS CHANTANTS.

LEANDRE, *Amant de*
    CE'LIMENE,   Mʳ Chaſſé.
VALERE, *Amoureux , de* DORIS, Mᴿ· Jelyot.
CE'LIMENE,   Mˡˡᵉ Eeremans.
DORIS,   Mˡˡᵉ Fel.
Troupe de Bergers & de Bergeres.
Troupe de Villageois & de Villageoiſes , de Bergers
    & de Bergeres.

ACTEURS DANSANTS.

BERGERS ET BERGERES;

Meſſieurs Malter-L., Hamoche, Theſſier , Matignon,
Meſdemoiſelles Dallemand-C., Le Duc, St. Germain.
Fremicourt.

VILLAGEOIS ET VILLAGEOISES,

Bergers & Bergeres;
Mademoiſelle Sallé;
Mademoiſelle Dallemand-L.;
Meſſieurs F-Dumoulin , P-Dumoulin,
Meſſieurs Dumay , Dupré.
Meſdemoiſelles Carville , Durocher.

PREMIERE ENTRÉE.

L'AMOUR VOLAGE.

Le Théâtre repréfente un Lieu champêtre.

SCENE PREMIERE.

LEANDRE, VALERE.

LEANDRE.

Uel deffein te conduit dans ce charmant
boccage?

VALERE.

On y doit célébrer le retour du Printemps ;
Quelle Fête pour moy ! quel plaifir !

LEANDRE.

Je t'entents ;
D'un cœur comme le tien le Printemps eft l'image ;
La Saifon des Zéphirs eft celle d'un Volage.

VALERE.

Chaque inftant, dans ce beau féjour,
Fait naître quelque fleur nouvelle;
Et dans le cœur de quelque Belle,
Je prétends, au moins chaque jour,
Faire naître pour moy quelque nouvelle amour.

LEANDRE.

Eh quoy ? dans l'amoureux Empire
La conquête d'un cœur ne peut donc te fuffire!

VALERE.

Que me reproches-tu? n'es-tu pas inconftant?

LEANDRE.

Pour changer une fois, on n'eft pas fi coupable;
Mais, tu changes à chaque inftant.

VALERE.

J'aime partout ce que je trouve aimable;
Et j'en fais mon fuprême bien.

LEANDRE.

Aimer par tout, c'eft n'aimer rien.

VALERE.

Quand je quitte un Objet, j'en imagine encore
De plus dignes d'être cheris ;
Et je fuis plus touché d'un plaifir que j'ignore,
Que de tous ceux dont je connois le prix.

LEANDRE.

On trouve peu d'amours parfaites
Chez des Inconstants comme moy ;
Mais des Volages comme toy,
Au lieu d'amours, n'ont que des amourettes :
Peut-on goûter l'amour, quand on n'est point épris ?

VALERE.

Epris, ou non, je vais en conter à Doris ;
  Je l'apperçois.

LEANDRE.

    Et moy, je cherche Célimene.
Je brûle de luy rendre & mon cœur & mes vœux.

VALERE.

Va, reprends ta premiere chaîne ;
Nous verrons qui de nous sera le plus heureux.

SCENE II.

VALERE, DORIS.

VALERE.

BElle Doris, demeure, & d'un cœur qui t'adore
  Reçoy l'hommage en ce moment ;
Sans l'éclat de tes yeux j'ignorerois encore
    Ce qu'Amour a de plus charmant.

DORIS.

Un feu leger flatte mon ame ;
J'approuve vos tendres difcours ;
Qui ne veut point d'éternelles amours,
Peut bien écouter vôtre flamme.

VALERE.

Mais je viens, en t'offrant ma foy,
M'expofer au danger de devenir fidelle.

DORIS.

Quand j'infpire une ardeur nouvelle,
Mon cœur n'impofe pas une fi dure loy ;
Il craint trop le danger d'une conftance extrême.

VALERE.

De te plaire, Doris, je fais mon bien fuprême ;
Et ne veux de l'Amour t'offrir que les douceurs.

DORIS.

Je confens à ce prix, qu'il uniffe nos cœurs ;
Mais, de rompre fes nœuds, que chacun foit le maître.
Lorfque le cœur n'eft pas content,
Que fervent les efforts qu'il fait pour le paraître ?
L'honneur de paffer pour conftant,
Ne vaut pas la peine de l'être.

ENSEMBLE.

Goûtons un fort fi charmant ;
Envain ferions-nous refiftance :
Mais mefurons nôtre conftance,
Au plaifir que nos cœurs trouveront en aimant.

VALERE.

VALERE.

Que deviendroit l'Amour, s'il n'étoit des Coquettes?
Dans ces ardeurs si tendres, si parfaites,
Jeux badins, Jeux riants, on ne vous connoît pas,
Ce n'est que dans nos amourettes
Qu'on voit briller tous vos appas?
Que deviendroit l'Amour, s'il n'étoit des Coquettes?

ENSEMBLE.

Sans nous piquer d'être constants,
Jouissons de nôtre Printemps,
Et livrons-nous à la tendresse;
Mais que toûjours en liberté,
Chacun puisse, à sa volonté,
Changer d'Amant & de Maîtresse.

VALERE.

J'apperçois nos Bergers; par les plus tendres chants,
Ils viennent célébrer le retour du Printemps:
Celimene les suit.

DORIS.

Leandre est avec elle;
Tout s'empresse à chanter une Saison si belle.

SCENE III.

LEANDRE, VALERE, DORIS, CELIMENE.
Troupe de BERGERS & de BERGERES.

CHOEUR.

CHantons la Saison des fleurs;
Du Printemps, chantons les charmes;
Il prête à l'Amour des armes,
Pour mieux enflammer les cœurs.
Chantons, &c.   On danse.

CE'LIMENE.

Ces bois qui parent nos montagnes,
Ces prez, ces jardins, ces campagnes,
Se renouvellent tous les ans:

Nous n'avons pas même avantage;
Et jamais le cours de nôtre âge
N'a qu'un Hyver & qu'un Printemps.

On danse.

VALERE ET DORIS, alternativement avec le Chœur.

Dans la saison des beaux jours,
On voit les roses éclore;
Elles naissent des Amours,
Du doux Zéphire & de Flore:

C'est ainsi qu'en nos beaux ans,
Des feux qu'Amour nous inspire,
Naissent les plaisirs charmants
Que l'on goûte en son empire.

Les Bergers & les Bergeres se retirent, ainsi que VALERE & DORIS.

✳✳✳✳✳✳✳✳✳✳✳✳✳✳✳✳✳✳✳✳✳✳✳✳✳✳✳✳✳✳✳

SCENE IV.

LEANDRE, CE'LIMENE.

LEANDRE.

LE Dieu qui fait aimer semble inspirer ces chants.

CE'LIMENE.

Vous font-ils desirer quelque nouvelle chaîne?

LEANDRE.

Que me rappellez-vous, aimable Célimene?

J'ai trahi mes serments ; mais si j'ai pû changer,
L'Amour prend soin de vous vanger.
Verrez-vous mon retour avec indifference ?
M'ôterez-vous toute esperance ?
CE'LIMENE.
D'un changement trop prompt vôtre amour fut suivi ;
Vous jureriez envain que vôtre cœur m'adore,
Si l'inconstance peut encore
M'ôter un bien qu'elle m'avoit ravi.
Fuyons.
LEANDRE.
Cédez à l'ardeur la plus tendre.
Ecoûtez-moy.
CE'LIMENE.
Je ne veux rien entendre.
Ne parlons plus d'Amour ; j'ay brisé tous ses nœuds.
LEANDRE,
Eh ! quel Dieu mieux que luy peut meriter nos vœux ?
Les moindres ardeurs qu'il inspire
Offrent toûjours un doux amusement :
Peut-on dans l'âge où l'on soupire
Abandonner ce Dieu charmant !
CE'LIMENE.
Non ; je ne quitte point l'Amour, & son Empire ;
Je ne quitte que mon Amant.
LEANDRE.
Vôtre Amant, Ah ! ce nom n'a-t'il rien qui vous touche ?
Pouvez-vous l'accorder avec vôtre rigueur ?
S'il est encor dans vôtre bouche ?
Il n'est pas loin de vôtre cœur.

CE'LIMENE.

Cessez de tirer avantage
D'un nom qui sans dessein m'échape en ce moment;
J'ay pû le prononcer, mais par un simple usage;
Et c'est un souvenir, plûtôt qu'un sentiment.

LEANDRE.

Mais enfin belle Célimene,
Que me reprochez-vous ?

CE'LIMENE.

Un infidelle amour.

LEANDRE.

Ce reproche sur vous peut retomber sans peine.

CE'LIMENE.

Vous aviez rompu vôtre chaîne;
Je brisai la mienne à mon tour.

LEANDRE.

C'est quelquefois un bien de se laisser surprendre
Au plaisir de se dégager,
L'inconstance peut seul apprendre
Tout ce que l'on perd à changer,

Croyez-moy, belle Célimene;
Pour nous justifier, reprenons nôtre chaîne.

Je jure à vos beaux yeux une immortelle ardeur,
Et l'on verra plûtôt, interrompant sa course,
L'onde remonter vers sa course,
Que l'infidelité s'emparer de mon cœur.

CE'LIMENE.

L'Amour dans ses liens malgré-moy me ramene ;
Non ; rien de mon Amant ne peut me désunir ;
Ce nom si cher se présente sans peine,
Et c'est un sentiment, plûtôt qu'un souvenir.

LEANDRE.

O favorable instant ! tous deux d'intelligence,
Nous rallumons nos premiers feux ;
Heureuse cent fois l'inconstance
Qui resserre de si beaux nœuds !

ENSEMBLE.

Oublions que nos cœurs n'ont pas été fidelles ;
Je ne veux plus aimer que vous,
Que nos plaisirs fassent mille jaloux ;
Rendons nos chaînes éternelles.

SCENE V.

LEANDRE, VALERE, CE'LIMENE, DORIS.

VALERE.

Quoy ? Leandre devient constant !

LEANDRE.

Ouy, dans mes premiers fers ce beau jour me rengage ;
Qui de nous est le plus content ?

VALERE.

Je suis aimé, quoique volage,
Quel triomphe est plus éclatant !
Qui de nous est le plus content ?

LEANDRE.
Ne disputons pas davantage.

ENSEMBLE.

Sur le nouvel Objet,
Sur toutes les Beautez, } *à qui j'offris des vœux,*

Célimene
Doris seule } *aujourd'huy remporte la victoire :*

Les feux dont j'ay brûlé n'ont servi qu'à sa gloire ;
Ses charmes seuls pouvoient me rendre heureux.

SCENE VI.

LEANDRE, VALERE, CE'LIMENE, DORIS,
Troupe de Villageois & de Payfans.

LEANDRE.

Troupe à ma voix toûjours fidelle,
Venez ; empressez-vous à marquer vôtre zele
A l'aimable Objet de mes vœux :

On danfe.

LEANDRE.

Chantez la Beauté que j'adore,
Unissez vos tendres Concerts ;
Et que jusqu'au retour de la brillante Aurore,
On célébre à l'envi la gloire de mes fers.
Les plus beaux yeux du monde ont porté dans mon ame
Les feux dont je me sens épris :
Quand l'Amour n'est suivi que des Jeux & des Ris,
Rien n'est si doux que de sentir sa flamme.

CHOEUR.

Regnez dans ces beaux lieux, Amours, Jeux, &
 Plaisirs ;
  Triomphez sur ces doux rivages ;
Plus vous servez les cœurs au gré de leurs desirs,
  Et plus vous remportez d'hommages.

On danse.

DORIS, à CE'LIMENE.

  Il faut aimer,
 Est-il un bien plus desirable ?
  Il faut aimer,
 C'est un destin inévitable.

Il n'est point de cœur indomptable
Pour un Dieu qui sçait tout charmer ;
Mais sur tout, quand on est aimable,
  Il faut aimer.

CE'LIMENE, à DORIS.

  Il faut changer,
Quand on languit & qu'on soupire ;
  Il faut changer,
Quand on prévoit un long martire :

Mais l'Amour sous un doux empire
 Quelquefois nous peut engager ;
Dès qu'il plaît, on ne doit plus dire :
  Il faut changer.

On danse.

VALERE,
alternativement avec le Chœur.

Sans le Dieu de la tendreſſe,
Il n'eſt point de doux moment :
Il faut ſoupirer ſans ceſſe,
On n'eſt heureux qu'en aimant.

On danſe.

LEANDRE, VALERE, CE'LIMENE, DORIS, alternativement avec le Chœur.

Tendre Amour, vien nous engager
Par les plus agréables chaînes ;
Ne nous force point à changer,
En nous faiſant ſentir tes peines.

CHOEUR.
Tendre Amour, &c.

LEANDRE, VALERE, CE'LIMENE, DORIS.

Nous formons de nouveaux deſirs,
Pour ta gloire & pour nos plaiſirs.

CHOEUR.
Nous formons, &c.

FIN DE LA PREMIERE ENTRE'E.

IIme. ENTRE'E.

DEUXIÉME ENTRÉE.

L'AMOUR JALOUX.

ACTEURS CHANTANTS.

ARSAME, *Prince Affricain,*
 *Amant d'*ELMIRE, $\qquad$ M^r. Tribou.
ALMANZOR, *Prince Sarrafin,*
 *Magicien, Rival d'*ARSAME, $\qquad$ M^r. Dun.
ELMIRE, *Princeffe Affricaine,*
 *Amante d'*ARSAME, $\qquad$ Mlle. Antier.
ZAIDE, *Confidente d'*ELMIRE, Mlle. Julye.
LA JALOUSIE, $\qquad$ M^r. Cuvilier.
Suite de la Jaloufie.
Troupe de Démons, transformez en Plaifirs, en Jeux, & en Amours.
UN PLAISIR, $\qquad$ M^r.

ACTEURS DANSANTS.

SUIVANTS DE LA JALOUSIE;
Monfieur Malter-C. ;
Meffieurs Javillier-C., Savar, Javillier-3., Dumay,
Dupré, La Croix.
DEMONS TRANSFORMEZ;
Monfieur Dupré ;
Mademoifelle Dallemand-L. ;
Meffieurs F-Dumoulin, P-Dumoulin, Malter-L.;
Dan geville, Theffier.
La Scene eft chez les Sarrafins.

DEUXIÈME ENTRÉE.

L'AMOUR JALOUX.

Le Théâtre repréfente le veftibule d'un Palais.

SCENE PREMIERE.

ARSAME.

Mour, ah! qu'il eſt doux de vivre ſous ta loi,
Quand tu fais dans deux cœurs fidelles
Regner des ardeurs mutuelles!
Amour, ah! qu'il eſt doux de vivre ſous ta loy!

Je brûle pour l'aimable Elmire,
Et ſon tendre cœur ſent pour moy
Les mêmes feux que ſa beauté m'inſpire:
Amour, ah! qu'il eſt doux de vivre ſous ta loy!

D ij

SCENE II.
ARSAME, ALMANZOR.

ALMANZOR, au fond du Théâtre.

J'Apperçoi mon Rival ; diffimulons ma haine,
    Et cachons-lui jufqu'à ma peine.

à ARSAME.
Vous attendez ici l'Objet de vôtre amour.

ARSAME.
Vous l'y cherchez à vôtre tour.

ALMANZOR.
Non ; mon cœur pour jamais fe dérobe à fes charmes;
Il eft temps de quitter ce dangereux féjour.

ARSAME.
Ce fera m'épargner de mortelles allarmes.

ALMANZOR.
Triomphez, je fçais trop qu'un Rival tel que moi,
Malheureux, rebuté, vous caufe peu d'effroi ;
    Mais vous comptez trop fur Elmire;
Un autre dans fon cœur peut l'emporter fur vous.

ARSAME.
Vous voulez m'infpirer ces fentiments jaloux,
    Qui troublent l'amoureux Empire.

ENSEMBLE.

Non ; la jalouse fureur
Ne peut regner
Ne regne plus } *sur mon cœur.*

ARSAME.

Si l'Amour m'a donné des chaînes,
C'est pour combler tous mes desirs.
Heureux qui goûte ses plaisirs,
Sans jamais connoître ses peines !

ENSEMBLE.

Non ; la jalouse fureur, &c.

SCENE III.

ALMANZOR.

Que son sort est heureux ! que son bonheur m'ou-
     trage !
Mais qu'il tremble à son tour ; qu'il redoute ma rage.

Affreux tourment des cœurs trop amoureux,
Monstre cruel, funeste Jalousie,
Par le transport fatal, dont mon ame est saisie,
Je sens toute l'horreur du séjour ténébreux.

Tes feux qui dévorent mon ame
Augmentent ma fureur sans éteindre ma flâme,
Et mon cœur infecté de ton mortel poison,
Ecoûte le dépit plûtôt que la raison.

Monstre cruel, funeste Jalousie,
Par le transport fatal dont mon ame est saisie,
N'as-tu donc pas encor satisfait ta rigueur?
Cesse pour un moment de déchirer mon cœur.

Je me plains d'un trouble funeste,
Tandis que mon Rival goûte un repos charmant;
Mais il faut éprouver le secours qui me reste,
Avant que par le fer j'immole cet Amant.

Hâtons-nous, hâtons-nous d'employer l'Art terrible,
Qui soûmit tant de fois les Enfers à mes vœux.
Vien; sors de tes antres affreux,
Funeste Jalousie; à mes cris sois sensible;
Vien punir, vien vanger le mépris de mes feux.

Le Théâtre s'obscurcit.

Ecoûte ma voix qui t'appelle,
Divinité propice aux Amants outragez;
Seconde ma fureur cruelle;
L'espoir des malheureux est d'être enfin vangez.

SCENE IV.

LA JALOUSIE, ALMANZOR,

Suite de LA JALOUSIE.

CHOEUR.

QUittons les demeures sombres ;
Portons en tous lieux l'horreur ,
Laissons respirer les Ombres ,
Qu'un juste châtiment livre à nôtre fureur. On danse.

LA JALOUSIE.

Ne m'en croi pas moins implacable ,
Quand je quitte à ta voix mes antres ténébreux ;
Dans le cœur d'un Rival , dont le bonheur t'accable ,
Je suis prête à lancer mes traits les plus affreux ;
Mais c'est moins pour te rendre heureux ,
Que pour le rendre miserable.

C'est moi qui des Mortels irrite les soupirs ;
Je nourris leurs jaloux desirs ,
Et leurs vives douleurs pour mon cœur ont des charmes ;
J'empoisonne tous les plaisirs ;
Je ne veux d'autre encens que les cris & les larmes.

Ces Monstres , ces cruels serpents ,
Qui font redouter mon Empire
Naissent du sang que je répands ;
Et soufflent l'air que je respire ;

Mes feux secrets, mes traits perçants,
Sont dangereux, autant qu'ils sont puissants ;
Les Dieux même contre eux ont d'inutiles armes ;
Je ne demande point de soins reconnoissants ;
Je ne veux d'autre encens que les cris & les larmes.

ALMANZOR.

S'il faut à tes Autels des plaintes & des pleurs,
Que mon heureux Rival partage mes douleurs.

CHOEUR.

Nous méprisons les larmes
Des Amants insensez ;
Nous rions des allarmes
Dont ils sont traversez ;
Envain les miserables
Encensent nos Autels ;
Nos cœurs inéxorables,
Font leurs plaisirs cruels
Du tourment des Mortels.

On danse.

ALMANZOR.

Quel plaisir de mon cœur s'empare !
Vangez-moy ; vangez-moi.
Vôtre fureur barbare
Ne sçauroit m'inspirer d'effroi.
Mon destin sera moins funeste,
Si le Rival que je déteste
Est aussi malheureux que moi.

LA JALOUSIE.

LA JALOUSIE.

C'eſt aſſez, ta vangeance eſt prête,
Ton ſuperbe Rival va devenir jaloux.
Que tout change en ces lieux, Démons, transformez
    vous ;
Offrons aux yeux d'Elmire une brillante fête.
  à ALMANZOR.
Toy, prends ſoin ſeulement d'inviter à ces Jeux
    Le fatal objet de tes vœux.
    Mais Elmire s'avance ;
Pour mieux porter mes coups, cachons-lui ma préſence.

SCENE V.

ALMANZOR, ELMIRE, ZAIDE.

ELMIRE, à part.

ALmanzor en ces lieux ! ſortons, éloignons-nous.
ALMANZOR.
Inhumaine, arrêtez ; me fuirez-vous ſans ceſſe !
    Tous les vœux que je vous adreſſe
Excitent contre moi vôtre injuſte courroux.

ELMIRE.
Vous ne m'offrez jamais que des tranſports jaloux,
    Et ma préſence les irrite ;
C'eſt pour vôtre repos qu'Elmire vous évite.

E

ALMANZOR.

Vous cherchez un Rival heureux ;
Il n'a que des plaisirs sous vôtre aimable chaîne ;
Helas ! si pour prix de ses feux
Il n'avoit comme moy qu'une éternelle peine,
Il seroit bien moins amoureux.

ELMIRE.

O Ciel ! il éteindroit sa flamme !
Non ; fût-il accablé des plus cruels tourments,
Je verray toûjours dans Arsame
Le plus fidelle des Amants.

ALMANZOR.

Une vaine erreur vous abuse ;
Malgré tous ses serments, cessez de vous flatter ;
Mais c'est vôtre amour qui l'excuse ;
Est-ce lui qu'il faut consulter ?

ENSEMBLE.

Une vaine erreur vous abuse,
Contre un Amant si cher {cessez} de m'irriter ;
Malgré tous ses serments {cessez} de vous flatter.
{Mais c'est son Rival qui l'accuse ;
{Mais c'est vôtre amour qui l'excuse ;}
Est-ce lui qu'il faut consulter ?

ALMANZOR.

Eh ! peut-on vous aimer autant que je vous aime ?
Il ne tiendra qu'à vous d'en juger par vous-même.

Allarmez cet heureux Amant ;
Paroissez à ses yeux sensible à mon tourment ;
Rendez son cœur jaloux de ma gloire nouvelle,
Et vous verrez en ce moment
Qui des deux est le plus fidelle.

ELMIRE.

Je veux bien éprouver sa foy ;
Mais ce n'est que pour vous confondre.

ALMANZOR.

Eh bien ! reposez-vous sur moy
D'un succez dont j'ose répondre ;
Vous apprendrez bientôt.... mais c'est trop differer ;
Je vais presser des Jeux que j'ai fait préparer.

SCENE VI.

ELMIRE, ZAIDE.

ZAIDE.

O Ciel ! à quel tourment exposez-vous Arsame !

ELMIRE.

Je prétends apprendre en ce jour,
S'il n'est constant dans son amour,
Qu'autant qu'on répond à sa flamme.

ZAIDE.

Pourquoi voulez-vous l'éprouver ?
Son cœur peut s'arracher à son amour extrême ;
Ah ! faut-il qu'on cherche soy-même
Des malheurs qu'on craint de trouver !   E ij

ELMIRE.

Il trahiroit ſa foy! non ; je ne le puis croire.
Le dépit ſur le tendre amour,
Peut bien pour quelque temps remporter la victoire ;
Mais l'amour triomphe à ſon tour.

On ne tient pas ſa colere,
Quand on aime conſtament ;
Dans le cœur d'un tendre Amant,
Le dépit ne dure guere.
On ne tient pas ſa colere,
Quand on aime conſtament.

ZAIDE.

Mais enfin, ſi ce cœur ſi fidelle & ſi tendre
Porte ſon fier dépit juſqu'à ſe dégager ?

ELMIRE.

Ah ! qu'oſes-tu me faire entendre ?

ZAIDE.

Un malheur que je crains.

ELMIRE.

J'en vois tout le danger ;
Mais d'un pouvoir ſecret je ne puis me défendre.
Je fais mon plaiſir le plus doux
De rendre mon Amant jaloux ;
C'eſt pour m'aſſurer ſa conquête,
Que je veux éprouver ſon cœur ;

On entend une Symphonie.

Ces Concerts m'annoncent la fête :
Amour, prends ſoin de mon bonheur.

SCENE VII.

ALMANZOR, ELMIRE, ZAIDE;
Troupe de Démons transformez en Amours,
en Nymphes & en Plaifirs.

CHOEUR.

A L'Amour cédons la victoire ;
Qu'il regne fur tous nos defirs,
Les Dieux ont fait pour eux la gloire,
Et pour nous les plaifirs. On danfe.

ELMIRE.

Toy, qui donnes des loix à toute la nature,
Amour, en ma faveur, vole du haut des Cieux :
Lance ces traits puiffants, dont l'atteinte eft fi fûre
Contre les Mortels & les Dieux ;
Sur un Amant fidelle, acheve ma victoire ;
Si je le rends jaloux, fans le rendre inconftant,
Ce jour où je t'implore eft le plus éclatant
De ton triomphe & de ma gloire.

On danfe.

UNE NYMPHE,
alternativement avec le Chœur.

C'eft vainement qu'un cœur fauvage
De trop de fierté veut s'armer ;
C'eft vainement qu'un cœur fauvage
Refifte au Dieu qui fçait charmer :

Il en coûte moins pour aimer,
Qu'à luy refuser son hommage,
Il en coûte moins pour aimer,
Qu'à fuir un si doux esclavage.

UN PLAISIR.

Quand l'Amour nous livre la guerre,
Goûtons ses aimables langueurs,
Quand l'Amour nous livre la guerre,
C'est pour nous combler de faveurs :
L'indifference est pour les cœurs,
Ce que l'Hyver est pour la terre ;
L'indifference est pour les cœurs,
Ce que l'Hyver est pour les fleurs.

LE MESME PLAISIR.

Un jeune cœur qu'Amour enflamme
N'a point d'inutiles moments ;
Un jeune cœur qu'Amour enflamme
Cherit jusques à ses tourments.
Tout est plaisir pour les Amants ;
Tout rit, quand on ressent sa flamme ;
Tout est plaisir pour les Amants,
Ce Dieu sçait leur donner des jours charmants.

DEUX NYMPHES.

Le temps, d'une aîle legere,
Emportera loin de nous
Cette Beauté passagere,
Dont les charmes sont si doux :

En tout temps l'Amour nous dompte ;
Livrons-nous à ses desirs ;
Nous aurions à nôtre honte
Ses peines , sans ses plaisirs.

SCENE VIII.

ARSAME,
& les Acteurs de la Scene précédente.

ARSAME, au fond du Théâtre.

Ciel ! Almanzor auprès d'Elmire !
Ces Jeux m'apprennent trop qu'il a touché son cœur.

ALMANZOR.

Ah ! je connois tout mon bonheur ;
Je dois tout esperer du transport que j'inspire ;
Quel triomphe pour moy se prépare en ce jour !
à ARSAME.
Arsame , c'en est fait, ces peines de l'Amour ,
Qui devoient être mon partage
Tu vas les sentir à ton tour.
Divinité propice , acheve ton ouvrage.

Il sort.

SCENE IX.

ARSAME, ELMIRE.

ARSAME.

Qu'entends-je ? il eſt donc vray que vous me
  trahiſſez !
L'Amour eſt le ſeul Dieu que mon Rival implore ;
Il l'appelle propice ; ah ! c'eſt me dire aſſez ,
  Que tous ſes vœux ſont exaucez.
Que va-t'il devenir ce cœur qui vous adore ?
Vous gardez le ſilence ! Elmire , expliquez-vous.

ELMIRE.

Mon ſort ne fût jamais ſi doux.

ARSAME.

Vous vous applaudiſſez de ma douleur mortelle !
  Vous triomphez d'être infidelle !
C'en eſt trop ; je me livre à mes tranſports jaloux.

  Quelle ſombre nuit m'environne !
  Quels cris ! quels affreux ſifflements !
  Megére, Alecton , Tyſiphone,
Pourquoi deſtinez-vous ces horribles ſerpents ?
Ah ! portez loin de moi vos noires barbaries ;
  Le flambeau fatal des Furies
Eſt-il fait pour les cœurs des plus tendres Amants ?

Il s'évanouit.

ELMIRE.

ELMIRE.

Que je le plains! calmons son trouble extrême.
Arsame, ouvrez les yeux ; vôtre Elmire vous aime.

ARSAME.

Mon Elmire! quels sons flatteurs
Viennent suspendre mes terreurs?
Elle m'aime! O feinte trop vaine!
Tout m'annonce sa trahison.
Et je ne reprens ma raison,
Que pour mieux ressentir ma peine.
Allons, à ma vangeance immoler un Rival.

ELMIRE.

Je frémis. Arrêtez ; qu'allez-vous entreprendre?

ARSAME.

Ah! vous craignez pour lui mon désespoir fatal ;
Mais rien ne sçauroit le deffendre ;
Vous lui prêtez, Perfide , un funeste secours ;
Et vous hâtez sa mort, en tremblant pour ses jours.

Il sort.

SCENE X.

ELMIRE.

DEmeurez. Il fuit, il m'échappe;
J'ay caufé fon jaloux tranfport.
Ah! faut-il, s'il reçoit la mort,
Que ce foit ma main qui le frappe!
Empêchons un combat, dont je frémis d'effroi;
Puiffe le coup mortel tomber plûtôt fur moi.

SCENE XI.

LA JALOUSIE, ELMIRE.

LA JALOUSIE.

ARrête, malheureufe Elmire;
Connois l'excez de ma fureur;
C'en eft fait, ton Amant expire.

ELMIRE.

Qu'entens-je? ô Ciel! c'eft moi qui lui perce le
cœur.

LA JALOUSIE.

Non, tu prétends envain m'envier mon ouvrage ;
L'un & l'autre Rival expirent par mes coups ;
Tous deux, dans l'excez de leur rage,
Viennent de s'immoler à leurs tranſports jaloux.

Le cours éternel de tes larmes,
Ton deſeſpoir & tes ſoupirs
M'apprêtent de nouveaux plaiſirs,
Et j'y trouve de nouveaux charmes ;
Je veux que les tourments divers
Que ton ſort affreux te prépare,
Servent d'exemple à l'Univers :
Voilà le triomphe barbare,
Que j'emporte au fond des Enfers.

SCENE XII.

ELMIRE.

Va ; fuy, Divinité cruelle ;
Plonge-toi pour jamais dans la Nuit éternelle.

Les Mortels devroient-ils se ranger sous ta loi ?
Quand l'Amour les unit, c'est toi qui les sépare.
Puissent les cœurs dont tu t'empares,
Te détester autant que moi !

Mais tu prétends envain me séparer d'Arsame ;
Non ; je ne puis survivre au bonheur que je perds ;
Le désespoir affreux qui regne dans mon ame,
Va malgré-toy nous réjoindre aux Enfers.

FIN DE LA DEUXIE'ME ENTRE'E.

TROISIÉME ENTRÉE.

L'AMOUR
CONSTANT.

ACTEURS CHANTANTS.

ALPHONSE, *Prince Souverain*
    *d'*AVIGNON,   M^r. Dun.
PETRARQUE, *Amant de* LAURE, M^r. Chaſſé.
LAURE, *Amante de* PETRARQUE, Mlle. Pellicier.
OCTAVE, *Amy de* PETRARQUE, M^r. Cuvillier.
Chœur de Peuples.
LE RHOSNE, *Fleuve.*   M^r. Chaſſé.
LA DURENCE: LA SORGUE, *Torrents.*
Troupe de Nymphes de Vaucluſe.
UN RUISSEAU,   Mlle. Bourbonnois.
UNE NAYADE,   Mlle. Dun.
*Troupe de Sujets d'*ALPHONSE.

ACTEURS DANSANTS.
FLEUVES ET NYMPHES;

Monſieur Javillier-L.;
Meſſieurs Savar, Javillier-C., Dumay, Dupré;
Meſdemoiſelles Petit, St. Germain, Durocher.

PROVENCEAUX;
Monſieur Malter-3., Mademoiſelle Mariette;
Meſſieurs F-Dumoulin, P-Dumoulin, Malter-L.;
Theſſier, Matignon.
Meſdemoiſelles Fremicourt, Le Duc, Dallemand-L.,
Courcelle, Thybert.

La Scene eſt près de la Fontaine de Vaucluſe.

TROISIÉME ENTRÉE.

L'AMOUR CONSTANT.

Le Théâtre repréfente la Fontaine de Vauclufe.

SCENE PREMIERE.

PETRARQUE.

Harmante Nymphe de Vauclufe,
Petrarque te revoit ! vas-tu changer fon fort ?
 Je crains qu'un fonge ne m'abufe ;
 J'ay vû, pour confpirer ma mort,
Et les vents & les flots s'armer d'intelligence ;
Le nauffrage a fuivi les rigueurs de l'abfence ;
Doux plaifir du retour, fais-moy trouver le port.

 Ce fut près de cette Fontaine,
Qui parmy ces Vallons roule fes claires eaux,
 Que l'Amour, pour former ma chaîne,
Fit choix de fes nœuds les plus beaux.

Sur un gazon naiſſant je vis l'aimable Laure;
Pere du jour, Flambeau des cieux,
Tu lances moins de feux encore
Qu'il n'en partoit de ſes beaux yeux!

Amour, tu triomphas de mon indifference;
Un regard rempli de douceur,
Fit naître à la fois dans mon cœur
Et le deſir & l'eſperance.
Quel bonheur, quel plaiſir m'attend!
Laure ſera pour moy ce que je ſuis pour elle;
L'Amour me ramene conſtant;
Je la retrouverai fidelle.

CHOEUR, derriere le Théâtre.

Hymen, forme tes plus beaux nœuds;
Vien rendre deux Amants heureux.

PETRARQUE.

Dans les bois d'alentour quels chants ſe font entendre!
Qu'ils me font envier un deſtin ſi charmant!
Je ne ſuis pas encor le plus heureux Amant;
Mais du moins je ſuis le plus tendre.

CHOEUR, derriere le Théâtre.

Hâte-toy, Dieu d'Hymen, vole, deſcends des cieux;
Entends un Peuple qui t'implore;
C'eſt par toy que l'aimable Laure
Doit bientôt regner en ces lieux.

PETRARQUE.

PETRARQUE.

Quel nom frappe les airs ! je tremble.
Laure doit regner ! je frémis ;
Est-ce-là le bonheur que je m'étois promis ;
Je sens tous les malheurs ensemble.

Mais c'est Octave que je voi ;
Sçachons de cet ami fidelle,
Si Laure a pû trahir sa foi.

SCENE II.

PETRARQUE, OCTAVE.

OCTAVE.

Quel Objet vient s'offrir à moi ?
Vous vivez, cher Petrarque! & la Parque cruelle....

PETRARQUE.

Apprends-moi si je dois mourir.
Mes feux sont-ils trahis ? Laure est-elle inconstante ?

OCTAVE.

Un pouvoir absolu vous ravit vôtre Amante.

PETRARQUE.

C'est donc au desespoir qu'il me faut recourir.

G

Mais quoy, si mon Rival est l'objet de sa haîne,
D'où vient que son cœur me trahit?

OCTAVE.

Le devoir seul brise sa chaîne ;
Alphonse ordonne ; elle obéit.
Elle opposoit envain l'amour fidelle & tendre
Qu'elle vous a cent fois juré ;
Le bruit de vôtre mort qu'on a trop sçu répandre
La livre au nœud fatal qu'elle avoit differé.

On célebre des Jeux ; c'est moi qui les ordonne ;
Fuyez ; n'en soyez pas témoin.

PETRARQUE.

On célébre des Jeux ! Quand l'amour m'abandonne,
Puis-je de l'amitié prétendre un dernier soin ?

OCTAVE.

Parlez, mon amitié s'apprête
A répondre à vos vœux avec empressement.

PETRARQUE.

A la faveur d'un prompt déguisement,
Ne puis-je aumoins la voir dans cette fête ?

OCTAVE.

Vous cherchez un nouveau tourment ;
Mais il faut secourir un malheureux Amant.

SCENE III.

LAURE,

Quand ce que j'aime est au tombeau,
Faut-il d'un autre amour allumer le flambeau?

La vie encor pour moi peut-elle avoir des charmes?
Va; fuy, vaine grandeur; & vous mes tristes yeux,
Fermez-vous pour jamais à la clarté des Cieux,
Ou ne vous ouvrez-plus que pour verser des larmes.

Quand ce que j'aime est au tombeau,
Faut-il d'un autre amour allumer le flambeau?

SCENE IV.

ALPHONSE, LAURE.

ALPHONSE.

Vous me fuyez, charmante Laure!
Quel prix de mon empressement!
Le souvenir d'un autre Amant
Doit-il vous occuper encore?
Cruelle, se peut-il, quand mon cœur vous implore,
Qu'il vous implore vainement?
Faut-il qu'à la splendeur, dont brille une couronne,
Vos yeux soient plus long-temps fermez.

LAURE.

Ils ne sont pas accoûtumez
A l'éclat qui vous environne;

G ij

Pourquoy faut-il, helas ! quand tout suit vôtre loi,
Que vous descendiez jusqu'à moi ?

ALPHONSE.

Je connois tout le prix du sang qui vous fit naître,
Mais, d'un simple Berger, si vous teniez le jour,
Je ne viendrois pas moins, animé par l'Amour,
Offrir à tant d'appas un Sujet dans un Maître.

Mon amour, s'il le faut, consent à differer
Le bonheur où j'ose prétendre ;
Mais, pour prix d'une ardeur si parfaite & si tendre,
Qu'il me soit permis d'esperer.

On entend une Symphonie.

On vient célébrer une fête,
Pour calmer vos mortels ennuis :
Ce n'est pas la Grandeur, c'est l'Amour qui l'apprête.

L A U R E, à part.

Quelle contrainte, helas ! dans le trouble où je suis !

La Ferme s'ouvre. On voit LE RHOSNE,
LA SORGUE, ET LA DURENCE
dans le fond du Théâtre.

SCENE V.

ALPHONSE, LAURE, PETRARQUE sous la forme du RHOSNE; Troupe d'Habitants de la FONTAINE DE VAUCLUSE, qui repréfentent des SYLVAINS, des NYMPHES, des NAYADES, & des RUISSEAUX.

ALPHONSE.

QUe ces Rivages s'embeliffent;
Que les Fleuves, que les Ruiffeaux
Apportent en ces lieux le tribut de leurs eaux.
Que les Airs retentiffent
De mille chants nouveaux.

CHOEUR.

Regnez, aimable Souveraine;
Tout rend hommage à vos attraits vainqueurs;
Regnez, Laure, regnez fur cette heureufe plaine,
Comme vous regnez fur les cœurs.

On danfe.

UN RUISSEAU.

Quand fur l'émail des prez coule mon onde pure,
De Ruiffeau, je deviens Amant;
Je n'exprime par mon murmure,
Que la douceur du changement;

Pour moi, les fleurs les plus nouvelles
Sont toûjours les fleurs les plus belles.

On danse.

LA DURENCE ET LA SORGUE.

A nôtre premier cours nous sommes peu fidelles,
Tel est le destin des Torrents;
Mais nous ne nous traçons mille routes nouvelles,
Que pour nous égaller aux Fleuves les plus grands.

Jeunes Beautés, voulez-vous nous en croire?
Imitez-nous dans vos amours;
Nous n'avons jamais plus de gloire,
Que lorsque nous changeons de cours.

PETRARQUE, sous la forme du Rhône.

Qu'entends-je? quel nouveau langage!
A peine de mes flots je retiens les transports.
Quoi? Rhône, c'est donc sur tes bords
Que l'on chante l'Amour volage!
O toi, fidelle Amant, dont les tendres chansons
Ont cent fois arrêté mon onde fugitive,
Reviens.

LAURE.

Ciel! où suis-je? quels sons?

PETRARQUE.

A peine tu descends sur l'infernale rive
Qu'on prête une oreille attentive
Aux plus dangereuses leçons!

Tout prend en ton absence une face nouvelle ;
Laure même...

LAURE.

Arrêtez ; Laure est toûjours fidelle.

ALPHONSE.

Qu'ose-t'on attenter ? Se peut-il qu'un Sujet
S'oppose à mon bonheur suprême ?

PETRARQUE, ôtant son masque.

Dans cet audacieux projet,
Reconnoissez Petrarque même.

LAURE.

Quoy ! c'est vous, cher Amant ?

ALPHONSE.

Perfide, tu mourras.

PETRARQUE.

à ALPHONSE.

Laure est toûjours fidelle ; ordonnez mon trépas.

à LAURE.

A mes derniers soûpirs on va porter envie ;
Pour prix des feux les plus constants,
Je n'attends que la mort, mais la plus belle vie
Ne vaut pas la mort que j'attends.

LAURE, à ALPHONSE.

Ah ! si la constance est un crime,
Frappez ; prenez mon cœur pour premiere victime.

ALPHONSE.

O Rival trop heureux!

LAURE, à ALPHONSE.

Que ne puis-je en ce jour,
Pour sauver mon Amant, immoler mon amour!

Vous avez sur mon sort une entiere puissance;
Mais en Maître absolu, cessez d'en ordonner;
Ne voulez-vous devoir qu'à mon obéissance
Un cœur que l'Amour seul auroit dû vous donner?

ALPHONSE, à part.

Quel trouble! la vertu vient éclairer mon ame;
Eh! quel effort plus généreux
Que de triompher de sa flamme!

à PETRARQUE, & à LAURE.

Tendres Amants, soyez heureux;
Ma gloire, vôtre amour; tout me force à me rendre;
Mais, c'est peu que de vous unir;
Ma main n'aura sur vous que des biens à répandre.

PETRARQUE, à ALPHONSE.

Vous nous récompensez, au lieu de nous punir!

LAURE, à ALPHONSE.

Vous me rendez à ce que j'aime!

ENSEMBLE.

O triomphe! ô vertu digne du diademe!

PETRARQUE.

PETRARQUE, à ALPHONSE.

Le Ciel n'a reservé qu'à nous
De rendre aux Heros tels que vous
Les biens que leurs mains nous dispensent;
Nos Ecrits valent des Autels ;
Et , si les Rois nous récompensent,
Nous rendons les Rois immortels.

ALPHONSE

Pour ces heureux Amants qu'à l'envi tout s'apprête,
Offrez au Dieu d'amour une brillante fête.

Que dans ce beau séjour un triomphe éclatant
Au plus charmant des Dieux, rende toute sa gloire ;
Chantez ; célébrez la victoire
Qui couronne l'Amour constant.

LAURE ET PETRARQUE, avec le Chœur.

Que dans ce beau séjour un triomphe éclatant
Au plus charmant des Dieux, rende toute sa gloire ;
Chantons ; célébrons la victoire
Qui couronne l'Amour constant.

On danse.

LAURE,
alternativement avec le Chœur.

Ah ! quel beau jour sur ces bords nous éclaire :
Flore y répand ses dons les plus chéris ;
Le Ciel devient plus doux, & l'Onde encor plus claire;
Les Graces sur leurs pas y conduisent les Ris.

II

Quel bien, quel charmant avantage;
L'Amour conſtant y fait ſentir ſes traits;
C'eſt pour lui ſeul que tous les cœurs ſont faits;
Que ſous ſes loix chacun s'engage,
Ah! quel deſtin a plus d'attraits!

On danſe.

PETRARQUE ET LAURE,

alternativement avec le Chœur.

Cheriſſons le trait qui nous bleſſe.
Regnez ſeul, Amour conſtant;
Regnez, triomphez ſans ceſſe;
C'eſt par vous que l'on eſt content.

Dès qu'un beau feu nous intereſſe,
Que faut-il de plus en amour?
Loin de l'éteindre, tout nous preſſe
De le rallumer chaque jour.

On danſe.

LAURE.

L'Amour inconſtant & volage
Du Papillon nous peint l'image;
Il s'envole au gré des Zéphirs.

En aimant, il n'eſt de vrais plaiſirs,
Que pour un cœur tendre & fidelle;
Son ardeur eſt toûjours nouvelle,
Sans rien changer à ſes deſirs.

L'Amour inconftant & volage
Du Papillon nout peint l'image ;
Il s'envole au gré des Zéphirs.

On danfe.
PETRARQUE ET LAURE,
alternativement avec le Chœur.

Cheriffons le trait qui nous bleffe.
Regnez feul , Amour conftant ;
Regnez , triomphez fans ceffe ;
C'eft par vous que l'on eft content.

F I N.

A P R O B A T I O N.

J'AY lû, par Ordre de Monfeigneur le Chancelier, *Les Caracteres de l'Amour, Ballet Heroique.* A Paris, ce quatriéme Avril mil fept cent trente-huit. LA SERRE.